BOUCHES A FEU EN BRONZE.

TABLES DES DIMENSIONS.

1839

TABLE DES MATIÈRES.

	Pages.
AVERTISSEMENT.	1
CANON DE SIÉGE DE 24.	2
CANON DE SIÉGE DE 16.	4
CANON DE PLACE DE 12.	6
CANON DE CAMPAGNE DE 12.	8
CANON DE CAMPAGNE DE 8.	10
MORTIER DE 32$^{cent.}$ (12^{po}).	12
MORTIER DE 27$^{cent.}$ (10^{po}).	14
MORTIER DE 22$^{cent.}$ (8^{po}).	16
PIERRIER.	18
MORTIER-ÉPROUVETTE.	20
GRAINS DE LUMIÈRE.	22
GRAVURE. — Lettres, chiffres et accessoires.	23
GRAVURE. — Chiffre du Roi.	24

IMPRIMERIE DE BACHELIER,
rue du Jardinet, n° 12.

TABLES

DES

BOUCHES A FEU EN BRONZE.

AVERTISSEMENT.

Sur ces Tables des Bouches à feu en bronze, les dimensions transformées des anciennes mesures en nouvelles, ont été écrites en millimètres, comme si cette fraction du mètre était l'unité principale. Le choix de cette unité de mesure a permis généralement d'exprimer ces dimensions en nombres ronds de millimètres, en ayant soin d'ajouter une de ces unités au dernier chiffre, lorsque la fraction négligée surpassait un demi-millimètre. Toutefois, à l'égard des dimensions auxquelles il importait de conserver leur valeur absolue, on a étendu la réduction jusqu'au décimillimètre.

Les indications portées sur ces Tables, relativement au raccordement des surfaces, se rapportent aux profils de ces surfaces.

Quant à la dénomination des Bouches à feu, on a conservé à celles dont les projectiles sont pleins, les anciennes désignations qui sont alors considérées comme des noms propres; les Bouches à feu à projectiles creux ont été désignées par les diamètres de ces projectiles, exprimés en nombres ronds de centimètres.

BOUCHES A FEU EN BRONZE.

CANON DE SIÉGE DE 24.

CALIBRE.

		DIMENSIONS.
		MILLIMÈTRES.
Diamètre....	DE L'AME...	152—7
	DU BOULET (grande lunette de réception).......................	149—3

CORPS DU CANON.

Longueur....	TOTALE, depuis le derrière de la plate-bande de culasse jusqu'à la tranche de la bouche. .	3233
	DU 1ᵉʳ RENFORT, y compris la plate-bande de culasse...........	924
	DU 2ᵉ RENFORT..	553
	DE LA VOLÉE, jusqu'au milieu de l'astragale...................	1425
	DU BOURLET EN TULIPE, depuis le milieu de l'astragale jusqu'à la tranche de la bouche. .	331
	DE L'AME..	3086
	depuis le fond de l'âme jusqu'au plan passant par le derrière de la plate-bande de culasse....	147

Les angles du fond de l'âme sont arrondis par un arc de cercle d'un rayon de 19 mil. (⅛ environ du calibre de l'âme).

Diamètre. ...	DU 1ᵉʳ RENFORT.	derrière, à la hauteur du fond de l'âme..................	447
		devant..	423
	DU 2ᵉ RENFORT.	derrière, contre le 1ᵉʳ renfort...........................	403
		devant..	387
	Le 2ᵉ renfort se raccorde avec le 1ᵉʳ par un arc de cercle d'un rayon de 20 mil.		
	DE LA VOLÉE....	derrière, contre le 2ᵉ renfort...........................	361
		contre l'astragale......................................	288
		au plus grand renflement du bourlet....................	350
		sur le listel de la bouche..............................	326

La volée se raccorde avec le 2ᵉ renfort par un arc de cercle d'un rayon de 26 mil.

CULASSE.

Longueur....	TOTALE, comprenant le cul de lampe et le bouton...............	298
	DU CUL DE LAMPE..	64
	DU LISTEL...	6
Diamètre. ...	DU BOUTON ET DU LISTEL..................................	149
	DU COLLET DU BOUTON.....................................	94

Le profil du bouton se compose de trois arcs de cercle qui se raccordent. Le premier, formant l'extrémité du bouton, a son centre sur l'axe, son rayon est les ⅖ du diamètre du bouton; le rayon du deuxième arc, ⅗ du même diamètre; le rayon du troisième, qui forme le collet, se détermine graphiquement.

TOURILLONS ET EMBASES.

Distance.....	depuis le derrière de la plate-bande de culasse jusqu'au derrière des tourillons...........	1238
	de l'axe des tourillons à celui du canon; ce dernier est au-dessus du 1ᵉʳ de ¼ diamèt. des tourillons.	73—5
Longueur....	DES TOURILLONS...	146
Diamètre. ...	DES TOURILLONS...	147
	DES EMBASES...	224
Écartement..	DES EMBASES...	395

La tranche des tourillons et celle des embases sont perpendiculaires à leur axe.

ANSES.

Distance.....	du derrière de la plate-bande de culasse....	au devant des anses................	1386
		au centre de gravité du canon.......	1248
		au milieu des anses................	1257
Longueur....	prise en dehors...		258
Écartement..	....		150

BOUCHES A FEU EN BRONZE.

CANON DE SIÉGE DE 24.

ANSES (suite).

	DIMENSIONS.
	MILLIMÈTRES.
Hauteur.... extérieure...	140
Équarrissage...	56
Épaisseur... ou saillie de la base sur le corps du canon.................	2

Les anses sont à pans dans la partie extérieure et arrondies en-dessous. Les faces intérieures des deux anses sont situées dans des plans passant par l'axe. La hauteur se mesure à partir du renfort, sur les intersections de chacun de ces plans, avec celui de la coupe qui, leur étant perpendiculaire, passe par le milieu de la longueur des anses. L'écartement est mesuré dans cette coupe, par la corde de l'arc qui se trouve compris entre les traces de ces plans. Le profil longitudinal de la partie courbe du corps de l'anse, est composé de trois arcs de cercle qui se raccordent. Le rayon des deux arcs extrêmes intérieurs est égal à $\frac{1}{4}$ de l'équarrissage; le 3º rayon se détermine graphiquement. La saillie de la base sur le corps de l'anse, avec lequel elle se raccorde, est égale à $\frac{1}{4}$ de l'équarrissage.

LUMIÈRE.

Distance.... de l'axe du canal. { au derrière de la plate-bande de culasse (mesure prise du centre de l'orifice extérieur, parallèlement à l'axe du canon).........	123
au plan du fond de l'âme (mesure prise du centre de l'orifice intérieur).	7
Diamètre..	5–6

La direction de la lumière fait un angle de 11º 30' avec une perpendiculaire à l'axe de l'âme.

MOULURES.

Largeur.... de la plate-bande de culasse........................	60
Diamètre... de la plate-bande de culasse........................	489

La plate-bande se raccorde avec le 1ᵉʳ renfort par un arc de cercle, dont le centre est sur le prolongement de la plate-bande.

Diamètre.... de l'astragale de volée...............................	24
Saillie..... de l'astragale de volée, sur le collet de la volée.............	12
Rayon..... de l'arrondissement du bourlet en tulipe (celui du collet se détermine graphiquement)..	12
Largeur.... du listel de la bouche.................................	10

CANAL D'AMORCE.

Longueur... totale...	114
Rayon..... de la partie circulaire.. { à la lumière........................	17
à l'autre extrémité..................	11
Largeur...	15
Profondeur..	2

CRANS DE MIRE.

Largeur.... et profondeur.......................................	3

Leur section est un triangle isocèle. Ils sont tracés : l'un sur toute la largeur de la plate-bande de culasse; et l'autre, en forme de flèche, sur la moitié de la longueur du bourlet en tulipe.

Poids du canon..	2740ᵏⁱˡᵒ·
Poids du boulet...	12ᵏⁱˡᵒ·
Prépondérance ou pression du milieu de la plate-bande de culasse sur la tête de la vis de pointage...	135ᵏⁱˡᵒ·
Angle de mire...	1º 15' 48"
Grain de lumière..	Nº 2

BOUCHES A FEU EN BRONZE.

CANON DE SIÉGE DE 16.

CALIBRE.

		DIMENSIONS
		MILLIMÈTRES.
Diamètre....	de l'âme..	133—7
	du boulet (grande lunette de réception)...................	130—3

CORPS DU CANON.

Longueur....	totale, depuis le derrière de la plate-bande de culasse jusqu'à la tranche de la bouche..	3107
	du 1ᵉʳ renfort, y compris la plate-bande de culasse...............	887
	du 2ᵉ renfort..	527
	de la volée, jusqu'au milieu de l'astragale.......................	1402
	du bourlet en tulipe, depuis le milieu de l'astragale jusqu'à la tranche de la bouche..	291
	de l'âme..	2978
	depuis le fond de l'âme jusqu'au plan passant par le derrière de la plate-bande de culasse..	129

Les angles du fond de l'âme sont arrondis par un arc de cercle d'un rayon de 17 mil. ($\frac{1}{8}$ environ du calibre de l'âme).

Diamètre....	du 1ᵉʳ renfort. { derrière, à la hauteur du fond de l'âme..................	392
	devant..	370
	du 2ᵉ renfort. { derrière, contre le 1ᵉʳ renfort........................	351
	devant..	336

Le 2ᵉ renfort se raccorde avec le 1ᵉʳ par un arc de cercle d'un rayon de 19 mil.

	de la volée.... { derrière, contre le 2ᵉ renfort.........................	316
	contre l'astragale..................................	252
	au plus grand renflement du bourlet....................	306
	sur le listel de la bouche.............................	284

La volée se raccorde avec le 2ᵉ renfort par un arc de cercle d'un rayon de 20 mil.

CULASSE.

Longueur....	totale, comprenant le cul de lampe et le bouton...................	260
	du cul de lampe.......................................	56
	du listel..	5
Diamètre....	du bouton et du listel...................................	130
	du collet du bouton....................................	78

Le profil du bouton se compose de trois arcs de cercle qui se raccordent. Le premier, formant l'extrémité du bouton, a son centre sur l'axe, son rayon est les $\frac{3}{5}$ du diamètre du bouton; le rayon du deuxième arc, le $\frac{1}{4}$ du même diamètre; le rayon du troisième, qui forme le collet, se détermine graphiquement.

TOURILLONS ET EMBASES.

Distance.....	depuis le derrière de la plate-bande de culasse jusqu'au derrière des tourillons.........	1202
	de l'axe des tourillons à celui du canon; ce dernier est au-dessus du 1ᵉʳ de $\frac{1}{2}$ diam. des tourillons.	64—5
Longueur....	des tourillons...	136
Diamètre....	des tourillons...	129
	des embases..	197
Écartement..	des embases..	343

La tranche des tourillons et celle des embases sont perpendiculaires à leur axe.

ANSES.

Distance.....	du derrière de la plate-bande de culasse... { au devant des anses....................	1331
	au centre de gravité du canon..........	1204
	au milieu des anses...................	1218
Longueur....	prise en dehors..	226
Écartement..	....	132

BOUCHES A FEU EN BRONZE.

CANON DE SIÉGE DE 16.

ANSES (SUITE.)

	DIMENSIONS. MILLIMÈTRES.
Hauteur.... extérieure...	122
Équarrissage..	48
Épaisseur..... ou saillie de la base sur le corps du canon................	2

Les anses sont à pans dans la partie extérieure et arrondies en-dessous. Les faces intérieures des deux anses sont situées dans des plans passant par l'axe. La hauteur se mesure à partir du renfort, sur les intersections de chacun de ces plans, avec celui de la coupe qui, leur étant perpendiculaire, passe par le milieu de la longueur des anses. L'écartement est mesuré dans cette coupe, par la corde de l'arc qui se trouve compris entre les traces de ces plans. Le profil longitudinal de la partie courbe du corps de l'anse, est composé de trois arcs de cercle qui se raccordent. Le rayon des deux arcs extrêmes intérieurs est égal à $\frac{1}{4}$ de l'équarrissage; le 3ᵉ rayon se détermine graphiquement. La saillie de la base sur le corps de l'anse, avec lequel elle se raccorde, est égale à $\frac{1}{4}$ de l'équarrissage.

LUMIÈRE.

Distance.... de l'axe du canal. { au derrière de la plate-bande de culasse (mesure prise du centre de l'orifice extérieur, parallèlement à l'axe du canon.).........	108
au plan du fond de l'âme (mesure prise du centre de l'orifice intérieur).	6
Diamètre..	5—6

La direction de la lumière fait un angle de 11°30' avec une perpendiculaire à l'axe de l'âme.

MOULURES.

Largeur.... de la plate-bande de culasse...........................	50
Diamètre... de la plate-bande de culasse...........................	428

La plate-bande se raccorde avec le 1ᵉʳ renfort par un arc de cercle, dont le centre est sur le prolongement de la plate-bande.

Diamètre.... de l'astragale de volée.................................	22
Saillie...... de l'astragale de volée sur le collet de la volée..........	11
Rayon...... de l'arrondissement du bourlet en tulipe (celui du collet se détermine graphiquement)..	11
Largeur.... du listel de la bouche..................................	10

CANAL D'AMORCE.

Longueur... totale...	114
Rayon...... de la partie circulaire. { à la lumière........................	17
à l'autre extrémité...............	11
Largeur..	15
Profondeur...	2

CRANS DE MIRE.

Largeur.... et profondeur..	3

Leur section est un triangle isocèle. Ils sont tracés : l'un sur toute la largeur de la plate-bande de culasse; et l'autre, en forme de flèche, sur la moitié de la longueur du bourlet en tulipe.

Poids du canon...	2000ᵏⁱˡᵒ.
Poids du boulet...	8ᵏⁱˡᵒ.
Prépondérance ou pression du milieu de la plate-bande de culasse sur la tête de la vis de pointage....	100ᵏⁱˡᵒ.
Angle de mire...	1°9'3"
Grain de lumière...	N° 2

BOUCHES A FEU EN BRONZE.

CANON DE PLACE DE 12.

CALIBRE.

	DIMENSIONS.
	MILLIMÈTRES
Diamètre.... { de l'ame..	121—3
{ du boulet (grande lunette de réception)........................	119

CORPS DU CANON.

Longueur.... { totale, depuis le derrière de la plate-bande de culasse jusqu'à la tranche de la bouche....	2932
{ du 1ᵉʳ renfort, y compris la plate-bande de culasse......................	838
{ du 2ᵉ renfort..	497
{ de la volée, jusqu'au milieu de l'astragale......................	1334
{ du boulet en tulipe, depuis le milieu de l'astragale jusqu'à la tranche de la bouche....	263
{ de l'ame..	2815
{ depuis le fond de l'âme jusqu'au plan passant par le derrière de la plate-bande de culasse....	117

Les angles du fond de l'âme sont arrondis par un arc de cercle d'un rayon de 15 mil. ($\frac{1}{8}$ environ du calibre de l'âme).

Diamètre.... { du 1ᵉʳ renfort. { derrière, à la hauteur du fond de l'âme............	355
{ devant...................................	337
{ du 2ᵉ renfort. { derrière, contre le 1ᵉʳ renfort...................	318
{ devant...................................	303
Le 2ᵉ renfort se raccorde avec le 1ᵉʳ par un arc de cercle d'un rayon de 19 mil.	
{ de la volée.... { derrière, contre le 2ᵉ renfort...................	287
{ contre l'astragale..........................	229
{ au plus grand renflement du bourlet............	277
{ sur le listel de la bouche......................	259

La volée se raccorde avec le 2ᵉ renfort par un arc de cercle d'un rayon de 16 mil.

CULASSE.

Longueur.... { totale, comprenant le cul de lampe et le bouton......................	238
{ du cul de lampe..	50
{ du listel..	5
Diamètre.... { du bouton et du listel......................................	119
{ du collet du bouton..	70

Le profil du bouton se compose de trois arcs de cercle qui se raccordent. Le premier, formant l'extrémité du bouton, a son centre sur l'axe, son rayon est les $\frac{2}{5}$ du diamètre du bouton; le rayon du deuxième arc, le $\frac{1}{5}$ du même diamètre; le rayon du troisième, qui forme le collet, se détermine graphiquement.

TOURILLONS ET EMBASES.

Distance..... { depuis le derrière de la plate-bande de culasse jusqu'au derrière des tourillons.........	1138
{ de l'axe des tourillons à celui du canon; ce dernier est au-dessus du 1ᵉʳ de $\frac{1}{2}$ diam. des tourillons.	59—5
Longueur.... des tourillons..	126
Diamètre.... des tourillons..	119
des embases...	175
Écartement.. des embases...	310

La tranche des tourillons et celle des embases sont perpendiculaires à leur axe.

ANSES.

Distance..... du derrière de la plate-bande de culasse..... { au devant des anses...............		1257
{ au centre de gravité du canon........		1139
{ au milieu des anses................		1154—5
Longueur... prise en dehors...		205
Écartement...		120

BOUCHES A FEU EN BRONZE.

CANON DE PLACE DE 12.

ANSES (suite).

	DIMENSIONS.
	MILLIMÈTRES.
HAUTEUR.... extérieure...	114
ÉQUARRISSAGE..	44
ÉPAISSEUR.... OU SAILLIE de la base sur le corps du canon...................	2

Les anses sont à pans dans la partie extérieure et arrondies en-dessous. Les faces intérieures des deux anses sont situées dans des plans passant par l'axe. La hauteur se mesure à partir du renfort, sur les intersections de chacun de ces plans, avec celui de la coupe qui, leur étant perpendiculaire, passe par le milieu de la longueur des anses. L'écartement est mesuré dans cette coupe, par la corde de l'arc qui se trouve compris entre les traces de ces plans. Le profil longitudinal de la partie courbe du corps de l'anse, est composé de trois arcs de cercle qui se raccordent. Le rayon des deux arcs extrêmes intérieurs est égal à $\frac{1}{2}$ de l'équarrissage; le 3ᵉ rayon se détermine graphiquement. La saillie de la base sur le corps de l'anse, avec lequel elle se raccorde, est égale à $\frac{1}{4}$ de l'équarrissage.

LUMIÈRE.

DISTANCE.... DE L'AXE DU CANAL. {	au derrière de la plate-bande de culasse (mesure prise du centre de l'orifice extérieur, parallèlement à l'axe du canon).........	97
	au plan du fond de l'âme (mesure prise du centre de l'orifice intérieur).	5
DIAMÈTRE...		5–6

La direction de la lumière fait un angle de 11° 30' avec une perpendiculaire à l'axe de l'âme.

MOULURES.

LARGEUR.... DE LA PLATE-BANDE DE CULASSE..............................	45
DIAMÈTRE.... DE LA PLATE-BANDE DE CULASSE..............................	388

La plate-bande se raccorde avec le 1ᵉʳ renfort par un arc de cercle, dont le centre est sur le prolongement de la plate-bande.

DIAMÈTRE.... DE L'ASTRAGALE DE VOLÉE.................................	20
SAILLIE.... DE L'ASTRAGALE DE VOLÉE, sur le collet de la volée.............	10
RAYON..... DE L'ARRONDISSEMENT DU BOURLET EN TULIPE (celui du collet se détermine graphiquement)..	9
LARGEUR.... DU LISTEL DE LA BOUCHE..................................	10

CANAL D'AMORCE.

LONGUEUR... TOTALE...		114
RAYON..... DE LA PARTIE CIRCULAIRE. {	à la lumière......................	17
	à l'autre extrémité...................	11
LARGEUR..		15
PROFONDEUR..		2

CRANS DE MIRE.

LARGEUR.... ET PROFONDEUR...	3

Leur section est un triangle isocèle. Ils sont tracés : l'un sur toute la largeur de la plate-bande de culasse ; et l'autre, en forme de flèche, sur la moitié de la longueur du bourlet en tulipe.

POIDS DU CANON...	1550 kilo.
POIDS DU BOULET...	6 kilo.
PRÉPONDÉRANCE ou pression du milieu de la plate-bande de culasse sur la tête de la vis de pointage...	77 kilo.
ANGLE DE MIRE...	1° 6' 31"
GRAIN DE LUMIÈRE..	Nº 2

BOUCHES A FEU EN BRONZE.

CANON DE CAMPAGNE DE 12.

CALIBRE.

		DIMENSIONS
		MILLIMÈTRES.
Diamètre....	de l'ame...	121—3
	du boulet (grande lunette de réception)...................	119

CORPS DU CANON.

Longueur....	totale, depuis le derrière de la plate-bande de culasse jusqu'à la tranche de la bouche..	2112
	du 1ᵉʳ renfort, y compris la plate-bande de culasse....................	704
	du 2ᵉ renfort......................................	372
	de la volée, jusqu'au milieu de l'astragale........................	798
	du bourlet en tulipe, depuis le milieu de l'astragale jusqu'à la tranche de la bouche. .	238
	de l'ame...	2002
	depuis le fond de l'âme jusqu'au plan passant par le derrière de la plate-bande de culasse. .	110

Les angles du fond de l'âme sont arrondis par un arc de cercle d'un rayon de 15 mil. (⅛ environ du calibre de l'âme).

Diamètre....	du 1ᵉʳ renfort. { derrière, à la hauteur du fond de l'âme................	313
	{ devant..	297
	du 2ᵉ renfort. { derrière, contre le 1ᵉʳ renfort.....................	285
	{ devant.......................................	267

Le 2ᵉ renfort se raccorde avec le 1ᵉʳ par un arc de cercle d'un rayon de 12 mil.

	de la volée.... { derrière, contre le 2ᵉ renfort.....................	245
	{ contre l'astragale................................	205
	{ au plus grand renflement du bourlet.................	267
	{ sur le listel de la bouche.........................	235

La volée se raccorde avec le 2ᵉ renfort par un arc de cercle d'un rayon de 22 mil.

CULASSE.

Longueur....	totale, comprenant le cul de lampe et le bouton............	178
	du cul de lampe...................................	30
	du listel..	5
Diamètre....	du bouton et du listel...............................	119
	du collet du bouton................................	70

Le profil du bouton se compose de trois arcs de cercle qui se raccordent. Le premier, formant l'extrémité du bouton, a son centre sur l'axe, son rayon est les ⅗ du diamètre du bouton; le rayon du deuxième arc, le ¼ du même diamètre; le rayon du troisième, qui forme le collet, se détermine graphiquement.

TOURILLONS ET EMBASES.

Distance.....	depuis le derrière de la plate-bande de culasse jusqu'au derrière des tourillons..........	824
	de l'axe des tourillons à celui du canon ; ce dernier est au-dessus du 1ᵉʳ de 1/12 env. du cal. de l'âme.	10
Longueur....	des tourillons.....................................	102
Diamètre....	des tourillons.....................................	119
	des embases......................................	209
Écartement..	des embases......................................	310

La tranche des tourillons et celle des embases sont perpendiculaires à leur axe.

ANSES.

Distance.....	du derrière de la plate-bande de culasse.... { au devant des anses.............	936
	{ au centre de gravité du canon.......	820
	{ au milieu des anses..............	836
Longueur....	prise en dehors...................................	200
Écartement..	....	100

BOUCHES A FEU EN BRONZE.

CANON DE CAMPAGNE DE 12.

ANSES (suite.)

	DIMENSIONS.
	MILLIMÈTRES.
Hauteur.... extérieure..	110
Équarrissage..	40
Épaisseur... ou saillie de la base sur le corps du canon....................	2

Les anses sont à pans dans la partie extérieure et arrondies en-dessous. Les faces intérieures des deux anses sont situées dans des plans passant par l'axe. La hauteur se mesure à partir du renfort, sur les intersections de chacun de ces plans, avec celui de la coupe qui, leur étant perpendiculaire, passe par le milieu de la longueur des anses. L'écartement est mesuré dans cette coupe, par la corde de l'arc qui se trouve compris entre les traces de ces plans. Le profil longitudinal de la partie courbe du corps de l'anse, est composé de trois arcs de cercle qui se raccordent. Le rayon des deux arcs extrêmes intérieurs est égal à $\frac{1}{4}$ de l'équarrissage ; le 3e rayon se détermine graphiquement. La saillie de la base sur le corps de l'anse, avec lequel elle se raccorde, est égale à $\frac{1}{4}$ de l'équarrissage.

LUMIÈRE.

Distance.... de l'axe du canal. { au derrière de la plate-bande de culasse (mesure prise du centre de l'orifice extérieur, parallèlement à l'axe du canon)........	88
au plan du fond de l'âme (mesure prise du centre de l'orifice intérieur).	8
Diamètre...	5—6

La direction de la lumière fait un angle de 17° avec une perpendiculaire à l'axe de l'âme.

MOULURES.

Largeur.... de la plate-bande de culasse...........................	40
Diamètre... de la plate-bande de culasse...........................	338

La plate-bande se raccorde avec le 1er renfort par un arc de cercle, dont le centre est sur le prolongement de la plate-bande.

Diamètre... de l'astragale de volée...............................	20
Saillie.... de l'astragale de volée, sur le collet de la volée............	10
Rayon..... de l'arrondissement du bourlet en tulipe (celui du collet se détermine graphiquement).	16
Largeur.... du listel de la bouche.................................	10

CRANS DE MIRE.

Largeur.... et profondeur......................................	3

Leur section est un triangle isoscèle. Ils sont tracés : l'un sur toute la largeur de la plate-bande de culasse ; et l'autre, en forme de flèche, sur la moitié de la longueur du bourlet en tulipe.

Poids du canon..	880$^{kilo.}$
Poids du boulet...	6$^{kilo.}$
Prépondérance ou pression du milieu de la plate-bande de culasse sur la tête de la vis de pointage...	65$^{kilo.}$
Angle de mire...	0° 59′ 21″
Grain de lumière...	N° 1

BOUCHES A FEU EN BRONZE.

CANON DE CAMPAGNE DE 8.

CALIBRE.

		DIMENSIONS.
		MILLIMÈTRES.
Diamètre.... { de l'ame.		106—1
{ du boulet (grande lunette de réception).		103—8

CORPS DU CANON.

Longueur.... {	totale, depuis le derrière de la plate-bande de culasse jusqu'à la tranche de la bouche.	1841
	du 1ᵉʳ renfort, y compris la plate-bande de culasse.	614
	du 2ᵉ renfort.	324
	de la volée, jusqu'au milieu de l'astragale.	695
	du bourlet en tulipe, depuis le milieu de l'astragale jusqu'à la tranche de la bouche.	208
	de l'ame.	1746
	depuis le fond de l'âme jusqu'au plan passant par le derrière de la plate-bande de culasse.	95

Les angles du fond de l'âme sont arrondis par un arc de cercle d'un rayon de 13 mil. ($\frac{1}{8}$ environ du calibre de l'âme).

Diamètre.... {	du 1ᵉʳ renfort. { derrière, à la hauteur du fond de l'âme.	272
	{ devant.	260
	du 2ᵉ renfort. { derrière, contre le 1ᵉʳ renfort.	248
	{ devant.	232

Le 2ᵉ renfort se raccorde avec le 1ᵉʳ par un arc de cercle d'un rayon de 12 mil.

	de la volée.... { derrière, contre le 2ᵉ renfort.	212
	{ contre l'astragale.	180
	{ au plus grand renflement du bourlet.	232
	{ sur le listel de la bouche.	206

La volée se raccorde avec le 2ᵉ renfort par un arc de cercle d'un rayon de 20 mil.

CULASSE.

Longueur.... {	totale, comprenant le cul de lampe et le bouton.	156
	du cul de lampe.	25
	du listel.	5
Diamètre.... {	du bouton et du listel.	104
	du collet du bouton.	61

Le profil du bouton se compose de trois arcs de cercle qui se raccordent. Le premier, formant l'extrémité du bouton, a son centre sur l'axe, son rayon est les $\frac{3}{8}$ du diamètre du bouton; le rayon du deuxième arc, le $\frac{1}{4}$ du même diamètre; le rayon du troisième, qui forme le collet, se détermine graphiquement.

TOURILLONS ET EMBASES.

Distance..... {	depuis le derrière de la plate-bande de culasse jusqu'au derrière des tourillons.	717
	de l'axe des tourillons à celui du canon; ce dernier est au-dessus du 1ᵉʳ de $\frac{1}{12}$ env. du calib. de l'âme.	9
Longueur....	des tourillons.	90
Diamètre.... {	des tourillons.	104
	des embases.	180
Écartement..	des embases.	268

La tranche des tourillons et celle des embases sont perpendiculaires à leur axe.

ANSES.

Distance..... du derrière de la plate-bande de culasse.... {	au devant des anses.	815
	au centre de gravité du canon.	715
	au milieu des anses.	725
Longueur.... prise en dehors.		180
Écartement..		90

BOUCHES A FEU EN BRONZE.

CANON DE CAMPAGNE DE 8.

ANSES (SUITE).

	DIMENSIONS.
	MILLIMÈTRES.
HAUTEUR.... extérieure...	100
ÉQUARRISSAGE...	36
ÉPAISSEUR... OU SAILLIE de la base sur le corps du canon....................	2

Les anses sont à pans dans la partie extérieure et arrondies en-dessous. Les faces intérieures des deux anses sont situées dans des plans passant par l'axe. La hauteur se mesure à partir du renfort, sur les intersections de chacun de ces plans, avec celui de la coupe qui, leur étant perpendiculaire, passe par le milieu de la longueur des anses. L'écartement est mesuré dans cette coupe, par la corde de l'arc qui se trouve compris entre les traces de ces plans. Le profil longitudinal de la partie courbe du corps de l'anse, est composé de trois arcs de cercle qui se raccordent. Le rayon des deux arcs extrêmes intérieurs est égal à $\frac{1}{2}$ de l'équarrissage; le 3º rayon se détermine graphiquement. La saillie de la base sur le corps de l'anse, avec lequel elle se raccorde, est égale à $\frac{1}{4}$ de l'équarrissage.

LUMIÈRE.

DISTANCE.... DE L'AXE DU CANAL. { au derrière de la plate-bande de culasse (mesure prise du centre de l'orifice extérieur, parallèlement à l'axe du canon)........	76
au plan du fond de l'âme (mesure prise du centre de l'orifice intérieur).	7
DIAMÈTRE..	5–6

La direction de la lumière fait un angle de 17° avec une perpendiculaire à l'axe de l'âme.

MOULURES.

LARGEUR.... DE LA PLATE-BANDE DE CULASSE..........................	35
DIAMÈTRE... DE LA PLATE-BANDE DE CULASSE..........................	294

La plate-bande se raccorde avec le 1ᵉʳ renfort par un arc de cercle, dont le centre est sur le prolongement de la plate-bande.

DIAMÈTRE... DE L'ASTRAGALE DE VOLÉE............................	16
SAILLIE.... DE L'ASTRAGALE DE VOLÉE, sur le collet de la volée...........	8
RAYON..... DE L'ARRONDISSEMENT DU BOURLET EN TULIPE (celui du collet se détermine graphiquement)..	13
LARGEUR.... DU LISTEL DE LA BOUCHE.............................	10

CRANS DE MIRE.

LARGEUR.... ET PROFONDEUR...................................	3

Leur section est un triangle isoscèle. Ils sont tracés : l'un sur toute la largeur de la plate-bande de culasse; et l'autre, en forme de flèche, sur la moitié de la longueur du bourlet en tulipe.

POIDS DU CANON...	580^{kilo}
POIDS DU BOULET...	4^{kilo}
PRÉPONDÉRANCE ou pression du milieu de la plate-bande de culasse sur la tête de la vis de pointage...	42^{kilo}
ANGLE DE MIRE...	0° 59′ 46″
GRAIN DE LUMIÈRE...	Nº 1

BOUCHES A FEU EN BRONZE.

MORTIER DE 32$^{\text{cent.}}$ (12^{po}).

CALIBRE.

	DIMENSIONS.
	MILLIMÈTRES.
DIAMÈTRE { DE L'AME	325
DE LA BOMBE (grande lunette de réception)	321—5

CORPS DU MORTIER.

LONGUEUR { TOTALE, depuis la tranche de la bouche jusqu'au derrière du mortier	896
DE L'AME, depuis la tranche de la bouche jusqu'à l'orifice de la chambre	488
DE LA CHAMBRE	210
depuis le fond de la chambre jusqu'au derrière du mortier	198

La chambre est tronconique, les angles du fond sont arrondis par un arc de cercle d'un rayon de 13 mil.

DIAMÈTRE { DE LA VOLÉE ET DU LISTEL DE LA BOUCHE	529
DE LA PARTIE INFÉRIEURE DE LA CHAMBRE	134
ÉPAISSEUR DU POURTOUR DE LA CHAMBRE	162

Le pourtour de la chambre est tronconique. Le derrière du mortier est terminé par une calotte sphérique dont le centre est sur l'axe à l'orifice de la chambre; l'arête d'intersection de cette calotte avec le pourtour de la chambre est arrondie.

TRACÉ DE L'AME ET DE LA CHAMBRE. *On porte sur l'axe, les longueurs AB de l'âme et BC de la chambre; par chacun des points A et C, on mène une ligne perpendiculaire à l'axe; sur celle passant en A, on porte D'E', calibre du mortier, et l'on mène les deux parallèles à l'axe D'D, E'E, qui déterminent la largeur de la partie cylindrique de l'âme; sur celle passant en C, on porte bb, diamètre inférieur de la chambre; de B vers A, on porte BO, rayon de la bombe; du point O, comme centre, on trace la bombe. Par chacun des points b, on mène tangentiellement à la bombe les lignes bS, que l'on prolonge jusqu'à la rencontre X des droites D'D, E'E. On porte, à partir de X, sur XD', XE', les longueurs XD, XE égales à XS; on joint D et E par une droite qui doit être perpendiculaire à l'axe, et qui termine la partie cylindrique de l'âme. Aux points de tangence S, on élève des perpendiculaires à Sb; leurs intersections R avec DE, donnent les centres des cercles de raccordement de la partie cylindrique avec la partie conique de l'âme.*

TOURILLONS ET EMBASES.

DISTANCE depuis la tranche de la bouche jusqu'au derrière des tourillons	595

L'axe des tourillons et celui du mortier sont dans le même plan.

LONGUEUR DES TOURILLONS	162
DIAMÈTRE { DES TOURILLONS	216
DES EMBASES	288
ÉCARTEMENT DES EMBASES	529

La tranche des tourillons et celle des embases sont perpendiculaires à leur axe. L'intersection des embases avec le cône du pourtour de la chambre est légèrement arrondie.

RENFORTS DES TOURILLONS.

HAUTEUR	216
LONGUEUR DE LA BASE	108
ÉPAISSEUR	81

Le plan des axes du mortier et des tourillons passe par le milieu de l'épaisseur des renforts; c'est dans ce plan que se mesurent la hauteur des renforts et la longueur de leur base.

BOUCHES A FEU EN BRONZE.

MORTIER DE 32$^{\text{cent.}}$ (12^{po}).

ANSE.

	DIMENSIONS.
	MILLIMÈTRES.
DISTANCE..... depuis la tranche de la bouche jusqu'au { derrière de l'anse................	385
{ centre de gravité du mortier..........	445
LONGUEUR.... prise en dehors...	204
HAUTEUR..... extérieure...	116
ÉQUARRISSAGE..	48
ÉPAISSEUR .... OU SAILLIE de la base sur le corps du mortier...................	2

L'anse est à pans dans la partie extérieure et arrondie en-dessous. Le plan du derrière de l'anse est perpendiculaire à l'axe du mortier. La hauteur se mesure au milieu de la longueur. Le profil longitudinal de la partie courbe du corps de l'anse, est composé de trois arcs de cercle qui se raccordent. Le rayon des deux arcs extrêmes intérieurs est égal à $\frac{1}{3}$ de l'équarrissage, le troisième se détermine graphiquement. La saillie de la base sur le corps de l'anse, avec lequel elle se raccorde, est égale à $\frac{1}{4}$ de l'équarrissage.

LUMIÈRE.

DISTANCE..... du centre de l'orifice intérieur au plan du fond de la chambre...............	13
DIAMÈTRE..	5–6

La direction de la lumière est perpendiculaire au côté de la chambre.

MOULURES.

LARGEUR.... DE LA PLATE-BANDE DE VOLÉE..................................	40
DIAMÈTRE... DE LA PLATE-BANDE DE VOLÉE..................................	569

La plate-bande se raccorde avec la volée par un arc de cercle d'un rayon égal à la saillie.

LARGEUR.... DU LISTEL DE LA BOUCHE......................................	10

CRANS DE MIRE.

LARGEUR.... ET PROFONDEUR..	3

Leur section est un triangle isocèle. Ils sont tracés : le premier sur le corps du mortier, à partir du contour extérieur du grain de lumière jusqu'au plan du derrière de l'anse; le second sur la partie supérieure de l'anse, et le troisième sur toute la largeur de la plate-bande de volée.

POIDS DU MORTIER..	1300$^{\text{kilo.}}$
POIDS DE LA BOMBE..	72^{kilo}
GRAIN DE LUMIÈRE..	N° 2

Ce grain est terminé par un bassinet dont les dimensions sont données sur le dessin.

BOUCHES A FEU EN BRONZE.

MORTIER DE 27${}^{\text{cent.}}$ (10^{po}).

CALIBRE.

		DIMENSIONS.
		MILLIMÈTRES.
Diamètre....	de l'âme.	274
	de la bombe (grande lunette de réception).	272

CORPS DU MORTIER.

Longueur....	totale, depuis la tranche de la bouche jusqu'au derrière du mortier.	765
	de l'âme, depuis la tranche de la bouche jusqu'à l'orifice de la chambre.	420
	de la chambre.	160
	depuis le fond de la chambre jusqu'au derrière du mortier.	185

La chambre est tronconique, les angles du fond sont arrondis par un arc de cercle d'un rayon de 13 mil.

Diamètre....	de la volée et du listel de la bouche.	464
	de la partie inférieure de la chambre.	126
Épaisseur....	du pourtour de la chambre.	142

Le pourtour de la chambre est tronconique. Le derrière du mortier est terminé par une calotte sphérique dont le centre est sur l'axe à l'orifice de la chambre; l'arête d'intersection de cette calotte avec le pourtour de la chambre est arrondie.

Tracé de l'âme et de la chambre. On porte sur l'axe, les longueurs AB de l'âme et BC de la chambre; par chacun des points A et C, on mène une ligne perpendiculaire à l'axe; sur celle passant en A, on porte D'E', calibre du mortier, et l'on mène les deux parallèles à l'axe D'D, E'E, qui déterminent la largeur de la partie cylindrique de l'âme; sur celle passant en C, on porte bb, diamètre inférieur de la chambre; de B vers A, on porte BO, rayon de la bombe; du point O, comme centre, on trace la bombe. Par chacun des points b, on mène tangentiellement à la bombe les lignes bS, que l'on prolonge jusqu'à la rencontre X des droites D'D, E'E. On porte, à partir de X, sur XD', XE', les longueurs XD, XE égales à XS; on joint D et E par une droite qui doit être perpendiculaire à l'axe, et qui termine la partie cylindrique de l'âme. Aux points de tangence S, on élève des perpendiculaires à Sb; leurs intersections R avec DE, donnent les centres des cercles de raccordement de la partie cylindrique avec la partie conique de l'âme.

TOURILLONS ET EMBASES.

Distance.....	depuis la tranche de la bouche jusqu'au derrière des tourillons.	528

L'axe des tourillons et celui du mortier sont dans le même plan.

Longueur....	des tourillons.	162
Diamètre....	des tourillons.	216
	des embases.	288
Écartement..	des embases.	464

La tranche des tourillons et celle des embases sont perpendiculaires à leur axe. L'intersection des embases avec le cône du pourtour de la chambre est légèrement arrondie.

RENFORTS DES TOURILLONS.

Hauteur......		190
Longueur....	de la base.	108
Épaisseur....		81

Le plan des axes du mortier et des tourillons passe par le milieu de l'épaisseur des renforts; c'est dans ce plan que se mesurent la hauteur des renforts et la longueur de leur base.

BOUCHES A FEU EN BRONZE.

MORTIER DE 27$^{cent.}$ (10^{po}).

ANSE.

	DIMENSIONS.
	MILLIMÈTRES.
DISTANCE..... depuis la tranche de la bouche jusqu'au { derrière de l'anse................	324
{ centre de gravité du mortier............	378
LONGUEUR.... prise en dehors..	188
HAUTEUR.... extérieure..	108
ÉQUARRISSAGE..	40
ÉPAISSEUR... OU SAILLIE de la base sur le corps du mortier..................	2

L'anse est à pans dans la partie extérieure et arrondie en-dessous. Le plan du derrière de l'anse est perpendiculaire à l'axe du mortier. La hauteur se mesure au milieu de la longueur. Le profil longitudinal de la partie courbe du corps de l'anse, est composé de trois arcs de cercle qui se raccordent. Le rayon des deux arcs extrêmes intérieurs est égal à $\frac{1}{4}$ de l'équarrissage, le troisième se détermine graphiquement. La saillie de la base sur le corps de l'anse, avec lequel elle se raccorde, est égale à $\frac{1}{4}$ de l'équarrissage.

LUMIÈRE.

DISTANCE..... du centre de l'orifice intérieur au plan du fond de la chambre..............	13
DIAMÈTRE..	5–6

La direction de la lumière est perpendiculaire au côté de la chambre.

MOULURES.

LARGEUR.... DE LA PLATE-BANDE DE VOLÉE..	40
DIAMÈTRE... DE LA PLATE-BANDE DE VOLÉE..	504

La plate-bande se raccorde avec la volée par un arc de cercle d'un rayon égal à la saillie.

LARGEUR.... DU LISTEL DE LA BOUCHE..	10

CRANS DE MIRE.

LARGEUR.... ET PROFONDEUR..	3

Leur section est un triangle isocèle. Ils sont tracés : le premier sur le corps du mortier, à partir du contour extérieur du grain de lumière jusqu'au plan du derrière de l'anse; le second sur la partie supérieure de l'anse, et le troisième sur toute la largeur de la plate-bande de volée.

POIDS DU MORTIER..	930$^{kilo.}$
POIDS DE LA BOMBE..	49$^{kilo.}$
GRAIN DE LUMIÈRE..	N° 2

Ce grain est terminé par un bassinet dont les dimensions sont données sur le dessin.

BOUCHES A FEU EN BRONZE.

MORTIER DE 22^{cent.} (8^{po}).

CALIBRE.

		DIMENSIONS. MILLIMÈTRES.
Diamètre....	DE L'AME..	223
	DE LA BOMBE (grande lunette de réception)...........................	221

CORPS DU MORTIER.

Longueur....	TOTALE, depuis la tranche de la bouche jusqu'au derrière du mortier............	552
	DE L'AME, depuis la tranche de la bouche jusqu'à l'orifice de la chambre..........	336
	DE LA CHAMBRE..	108
	depuis le fond de la chambre jusqu'au derrière du mortier.................	108

La chambre est tronconique, les angles du fond sont arrondis par un arc de cercle d'un rayon de 13 mil.

Diamètre....	DE LA VOLÉE ET DU LISTEL DE LA BOUCHE............................	331
	DE LA PARTIE INFÉRIEURE DE LA CHAMBRE...........................	75
Épaisseur....	DU POURTOUR DE LA CHAMBRE.....................................	95

Le pourtour de la chambre est tronconique. Le derrière du mortier est terminé par une calotte sphérique dont le centre est sur l'axe à l'orifice de la chambre; l'arête d'intersection de cette calotte avec le pourtour de la chambre est arrondie.

TRACÉ DE L'AME ET DE LA CHAMBRE. On porte sur l'axe, les longueurs AB de l'âme et BC de la chambre; par chacun des points A et C, on mène une ligne perpendiculaire à l'axe; sur celle passant en A, on porte D'E', calibre du mortier, et l'on mène les deux parallèles à l'axe D'D, E'E, qui déterminent la largeur de la partie cylindrique de l'âme; sur celle passant en C, on porte bb, diamètre inférieur de la chambre; de B vers A, on porte BO, rayon de la bombe; du point O, comme centre, on trace la bombe. Par chacun des points b, on mène tangentiellement à la bombe les lignes bS, que l'on prolonge jusqu'à la rencontre X des droites D'D, E'E. On porte, à partir de X, sur XD', XE', les longueurs XD, XE égales à XS; on joint D et E par une droite qui doit être perpendiculaire à l'axe, et qui termine la partie cylindrique de l'âme. Aux points de tangence S, on élève des perpendiculaires à Sb; leurs intersections R avec DE, donnent les centres des cercles de raccordement de la partie cylindrique avec la partie conique de l'âme.

TOURILLONS ET EMBASES.

Distance.....	depuis la tranche de la bouche jusqu'au derrière des tourillons................	399

L'axe des tourillons et celui du mortier sont dans le même plan.

Longueur....	DES TOURILLONS..	108
Diamètre....	DES TOURILLONS..	126
	DES EMBASES..	166
Écartement..	DES EMBASES..	331

La tranche des tourillons et celle des embases sont perpendiculaires à leur axe. L'intersection des embases avec le cône du pourtour de la chambre est légèrement arrondie.

RENFORTS DES TOURILLONS.

Hauteur.....	....	158
Longueur....	DE LA BASE..	74
Épaisseur....	....	68

Le plan des axes du mortier et des tourillons passe par le milieu de l'épaisseur des renforts; c'est dans ce plan que se mesurent la hauteur des renforts et la longueur de leur base.

BOUCHES A FEU EN BRONZE.

MORTIER DE 22^{cent.} (8^{po}).

ANSE.

	DIMENSIONS.
	MILLIMÈTRES.
DISTANCE..... depuis la tranche de la bouche jusqu'au { derrière de l'anse................	245
{ centre de gravité du mortier..........	278
LONGUEUR.... prise en dehors..	174
HAUTEUR...... extérieure..	84
ÉQUARRISSAGE..	36
ÉPAISSEUR .... OU SAILLIE de la base sur le corps du mortier...................	2

L'anse est à pans dans la partie extérieure et arrondie en-dessous. Le plan du derrière de l'anse est perpendiculaire à l'axe du mortier. La hauteur se mesure au milieu de la longueur. Le profil longitudinal de la partie courbe du corps de l'anse, est composé de trois arcs de cercle qui se raccordent. Le rayon des deux arcs extrêmes intérieurs est égal à $\frac{1}{2}$ de l'équarrissage, le troisième se détermine graphiquement. La saillie de la base sur le corps de l'anse, avec lequel elle se raccorde, est égale à $\frac{1}{4}$ de l'équarrissage.

LUMIÈRE.

DISTANCE..... du centre de l'orifice intérieur au plan du fond de la chambre...............	13
DIAMÈTRE..	5–6

La direction de la lumière est perpendiculaire au côté de la chambre.

MOULURES.

LARGEUR.... DE LA PLATE-BANDE DE VOLÉE..	30
DIAMÈTRE... DE LA PLATE-BANDE DE VOLÉE..	361

La plate-bande se raccorde avec la volée par un arc de cercle d'un rayon égal à la saillie.

LARGEUR.... DU LISTEL DE LA BOUCHE...	10

CRANS DE MIRE.

LARGEUR..... ET PROFONDEUR..	3

Leur section est un triangle isocèle. Ils sont tracés : le premier sur le corps du mortier, à partir du contour extérieur du grain de lumière jusqu'au plan du derrière de l'anse; le second sur la partie supérieure de l'anse, et le troisième sur toute la largeur de la plate-bande de volée.

POIDS DU MORTIER...	290^{kilo.}
POIDS DE LA BOMBE..	22^{kilo.}
GRAIN DE LUMIÈRE...	N° 1

Ce grain est terminé par un bassinet dont les dimensions sont données sur le dessin.

BOUCHES A FEU EN BRONZE.

PIERRIER.

CALIBRE.

	DIMENSIONS.
	MILLIMÈTRES.
Diamètre.... de l'âme.	406

CORPS DU PIERRIER.

Longueur....	totale, depuis la tranche de la bouche jusqu'au derrière du pierrier.	803
	de la volée, depuis la tranche de la bouche jusqu'au renfort.	318
	du renfort.	90
	de l'âme, depuis la tranche de la bouche jusqu'à l'orifice de la chambre.	505
	de la chambre.	173
	depuis le fond de la chambre jusqu'au derrière du pierrier.	125

La chambre est tronconique, terminée par une portion de sphère d'un rayon de 39 mil., tangente au cône; elle se raccorde avec l'âme par une portion de sphère d'un rayon égal à celui de l'âme.

Diamètre....	de la volée et du listel de la bouche.	496
	du renfort.	514
	de la chambre, à l'orifice.	135
Épaisseur....	de la partie sphérique de l'âme.	68
	du pourtour de la chambre.	108

Le pourtour de la chambre est tronconique; il se raccorde avec l'enveloppe de la partie sphérique de l'âme par un arc de cercle d'un rayon de 104 mil. Le derrière du pierrier est terminé par une calotte sphérique dont le centre est sur l'axe à l'orifice de la chambre; l'arête d'intersection de cette calotte avec le pourtour de la chambre est arrondie.

TOURILLONS ET EMBASES.

Distance.....	depuis la tranche de la bouche jusqu'au derrière des tourillons.	719

L'axe des tourillons et celui du pierrier sont dans le même plan.

Longueur....	des tourillons.	162
Diamètre....	des tourillons.	216
	des embases.	288
Écartement..	des embases.	464

La tranche des tourillons et celle des embases sont perpendiculaires à leur axe.

ANSE.

Distance. . .	depuis la tranche de la bouche jusqu'au { derrière de l'anse.	381
	{ centre de gravité du pierrier.	456
Longueur...	prise en dehors.	202
Hauteur....	extérieure.	114
Équarrissage.	....	40
Épaisseur....	ou saillie de la base sur le renfort du pierrier.	2

L'anse est à pans dans la partie extérieure et arrondie en-dessous. Le plan du derrière de l'anse est perpendiculaire à l'axe du pierrier. La hauteur se mesure au milieu de la longueur, à partir du renfort. Le profil longitudinal de la partie courbe du corps de l'anse, est composé de trois arcs de cercle qui se raccordent. Le rayon des deux arcs extrêmes intérieurs est égal à $\frac{1}{4}$ de l'équarrissage, le troisième se détermine graphiquement. La saillie de la base sur le corps de l'anse, avec lequel elle se raccorde, est égale à $\frac{1}{4}$ de l'équarrissage.

BOUCHES A FEU EN BRONZE.

PIERRIER.

LUMIÈRE.

	DIMENSIONS.
	MILLIMÈTRES.
DISTANCE.... du centre de l'orifice intérieur au plan tangent au fond de la chambre...........	13
DIAMÈTRE...	5—6
La direction de la lumière est perpendiculaire au côté de la chambre.	

MOULURES.

LARGEUR.... DE LA PLATE-BANDE DE VOLÉE.......................................	40
DIAMÈTRE... DE LA PLATE-BANDE DE VOLÉE.......................................	536
La plate-bande se raccorde avec la volée par un arc de cercle d'un rayon égal à la saillie.	
LARGEUR.... DU LISTEL DE LA BOUCHE...	10

CRANS DE MIRE.

LARGEUR.... ET PROFONDEUR..	3
Leur section est un triangle isocèle. Ils sont tracés : le premier sur le corps du pierrier, à partir du contour extérieur du grain de lumière jusqu'au plan du derrière de l'anse; le second sur la partie supérieure de l'anse, et le troisième sur toute la largeur de la plate-bande de volée.	

POIDS DU PIERRIER...	720$^{kilo.}$
GRAIN DE LUMIÈRE...	N° 2
Ce grain est terminé par un bassinet dont les dimensions sont données sur le dessin.	

BOUCHES A FEU EN BRONZE.

MORTIER - ÉPROUVETTE.

CALIBRE.

		DIMENSIONS.
		MILLIMÈTRES.
Diamètre...	de l'âme.	191—2

CORPS DU MORTIER.

Longueur....	de la volée, depuis la tranche de la bouche jusqu'à la demi-sphère.	143—4
	de l'âme, depuis la tranche de la bouche jusqu'à l'orifice de la chambre.	235—7
	de la chambre.	68—7
	depuis le fond de la chambre jusqu'au point où l'axe rencontre le dessus de la semelle.	41

La chambre est cylindrique; elle se raccorde avec l'âme par une portion de sphère d'un rayon égal à celui de l'âme. Elle est terminée par une calotte sphérique dont le centre est le même que celui de la partie sphérique de l'âme.

Diamètre....	de la volée.	245
	de la demi-sphère extérieure.	259
	La demi-sphère se raccorde avec la volée par un arc de cercle d'un rayon égal à la saillie.	
	de la chambre.	49—6
	du pourtour de la chambre.	162

Le pourtour de la chambre est cylindrique. Il est terminé par une portion de sphère du même diamètre, et dont le centre est sur l'axe au fond de la chambre; il se raccorde avec la demi-sphère extérieure par un arc de cercle d'un rayon de 20 mil., et avec la semelle par un arc de cercle d'un rayon de 9 mil.

Épaisseur....	de la partie sphérique de l'âme.	33—9

ANSE.

Distance.....	depuis la tranche de la bouche jusqu'au derrière de l'anse.	186
Longueur....	prise en dehors.	108
Hauteur...	extérieure.	50
Équarrissage.		24
Épaisseur.....	ou saillie de la base sur la demi-sphère extérieure.	2

L'anse est à pans dans la partie extérieure et arrondie en-dessous. Le plan du derrière de l'anse est perpendiculaire à l'axe du mortier. La hauteur se mesure au milieu de la longueur et de l'épaisseur de l'anse, à partir de la demi-sphère. Le profil longitudinal de la partie courbe du corps de l'anse, est composé de trois arcs de cercle qui se raccordent. Le rayon des deux arcs extrêmes intérieurs est égal à ½ de l'équarrissage, le troisième se détermine graphiquement. La saillie de la base sur le corps de l'anse, avec lequel elle se raccorde, est égale à ¼ de l'équarrissage.

LUMIÈRE.

Distance.....	du centre de l'orifice intérieur à l'angle du fond de la chambre (mesure prise sur l'arête supérieure de la chambre).	1—7
Diamètre....		3—4

La direction de la lumière est perpendiculaire au côté de la chambre.

MOULURES.

Largeur......	de la plate-bande de volée.	20
Diamètre....	de la plate-bande de volée.	259

La plate-bande se raccorde avec la volée par un arc de cercle d'un rayon égal à la saillie. Elle est arrondie par un arc du même rayon du côté de la bouche.

BOUCHES A FEU EN BRONZE.

MORTIER - ÉPROUVETTE.

LANGUETTE.

		DIMENSIONS.
		MILLIMÈTRES.
DISTANCE.....	de la naissance de la demi-sphère extérieure au sommet de la languette.	12
	du devant de la semelle au pied de la languette.	37
ÉPAISSEUR....		74

Le plan vertical passant par l'axe du mortier, passe par le milieu de l'épaisseur de la languette; c'est dans ce plan que se mesure la distance de la naissance de la demi-sphère au sommet de la languette.

SEMELLE.

LONGUEUR....	....	460
LARGEUR.....	....	298
ÉPAISSEUR ...	....	47
DISTANCE.....	du derrière de la semelle au point où le dessus de celle-ci est rencontré par l'axe du mortier. .	192

L'axe du mortier est incliné à 45 degrés sur la semelle.
Les arêtes supérieures de la semelle sont abattues par un chanfrein dont les côtés ont 20 mil.

DIAMÈTRE. ...	DES TROUS percés aux quatre angles de la semelle.	20
DISTANCE.....	entre les axes des trous dans le sens { de la longueur de la semelle..............	320
	{ de la largeur de la semelle.	170

CRANS DE MIRE.

LARGEUR.... ET PROFONDEUR.		3

Leur section est un triangle isoscèle. Ils sont tracés : l'un sur la partie supérieure du corps de l'anse, l'autre sur toute la largeur de la plate-bande de volée.

GLOBE.

DIAMÈTRE.....	{ DU GLOBE.	189–5
	{ DE L'ŒIL.	20

Voir le dessin pour les dimensions du bouchon et de la poignée.

POIDS DU MORTIER.	117$^{kilo.}$
POIDS DU GLOBE AVEC SON BOUCHON.	29$^{kilo.}$,37
GRAIN DE LUMIÈRE.	N° 1

BOUCHES A FEU EN BRONZE.

GRAINS DE LUMIÈRE.

	NUMÉROS		
	1.	2.	3.
	mil.	mil.	mil.
Longueur du grain. Elle varie avec l'épaisseur du métal à la lumière.			
AB... Diamètre du grain, près du téton.	45	57	69
Diamètre du grain, près de la tête. Il varie avec l'épaisseur du métal à la lumière. Ce diamètre est égal à celui AB près du téton, augmenté de $\frac{1}{100}$ de la longueur de la partie taraudée; afin de donner un peu d'entrée au grain.			
AM... Hauteur et profondeur des filets.	6	6	6
GH... Longueur du téton, y compris la hauteur de la partie cylindrique ab.	27	30	33
ab.... Hauteur ou épaisseur de la partie cylindrique du téton.	6	6	6
CD... Diamètre du téton près de la partie taraudée.	33	45	57
EF.... Diamètre du téton à l'extrémité.	22	34	46
KL... Hauteur de la tête.	40	40	40
IK.... Équarrissage de la tête.	45	45	45

Le N° **1** *est employé pour les canons et obusiers de campagne, et pour toutes les bouches à feu qui ont au plus 102 mil. d'épaisseur à la lumière.*

Le N° **2** *est employé pour les canons de siége, de place, et pour toutes les bouches à feu qui ont depuis 102 mil. jusqu'à 162 mil. d'épaisseur à la lumière.*
  Il sert aussi pour remplacer le N° 1, quand celui-ci ne peut plus être employé aux bouches à feu dont les lumières sont trop évasées.

Le N° **3** *est employé pour toutes les bouches à feu ayant plus de 162 mil. d'épaisseur à la lumière, et pour remplacer le N° 2 quand celui-ci ne peut plus être placé aux bouches à feu auxquelles il est destiné.*

ÉPAISSEUR DU MÉTAL A LA LUMIÈRE.

	ÉPAISSEUR DU MÉTAL.	NUMÉROS DES GRAINS.
	mil.	
Canons de... 24 de siége.	147	2
16 de siége.	129	2
12 de place.	117	2
12 de campagne.	96	1
8 de campagne.	83	1
Obusiers de. 22$^{cent.}$ (8^{po}).	137	2
16$^{cent.}$ (6^{po}).	86	1
15$^{cent.}$ (24).	77	1
Mortiers de 32$^{cent.}$ (12^{po}).	162	2
27$^{cent.}$ (10^{po}).	142	2
22$^{cent.}$ (8^{po}).	95	1
Pierrier.	108	2
Mortier-éprouvette.	56	1

BOUCHES A FEU EN BRONZE.

GRAVURE.

LETTRES, CHIFFRES ET ACCESSOIRES

POUR L'INSCRIPTION

DU NOM ET DU POIDS DE LA BOUCHE A FEU, DU LIEU ET DE LA DATE DE LA FONTE.

On donne seulement ici la hauteur des lettres et des chiffres; les autres dimensions sont indiquées sur le dessin, en fraction de cette hauteur.

	CANONS DE			OBUSIERS DE				
	SIÉGE.	PLACE.	CAMPAGNE.		SIÉGE.	CAMPAGNE.		MONTAGNE.
	24.	16.	12.	12.	8.	22$^{cent.}$(8^{po}).	16$^{cent.}$(6^{po}).	15$^{cent.}$(24).	12$^{cent.}$(12)
	mil.	mil.	mil.	mil.	mil.	mil.	mil.	mil.	mil.
CHIFFRES pour le numéro et le poids.	25	25	25	25	25	25	25	25	15
LETTRES pour le nom.......	25	25	25	20	20	25	20	20	15
LARGEUR DU RUBAN sur lequel se grave le nom............	35	35	35	30	30	35	30	30	20
DISTANCE du bord supérieur du ruban à la tranche de la bouche..	500	450	400	350	300	200	300	250	100
LETTRES ET CHIFFRES pour le lieu et la date de la fonte.......	25	25	25	20	20	25	20	20	15
LARGEUR DE L'ENJOLIVURE sur laquelle s'inscrivent le lieu et la date de la fonte............	35	35	35	30	30	35	30	30	20

Cette enjolivure est au milieu de la larg. de la plate-bande de culasse.

	MORTIERS DE				PIERRIER.
	32$^{cent.}$(12^{po})	27$^{cent.}$(10^{po})	22$^{cent.}$(8^{po})	15$^{cent.}$(24)	
	mil.	mil.	mil.	mil.	mil.
CHIFFRES pour le numéro et le poids.............	25	25	25	15	15
LETTRES ET CHIFFRES pour le lieu et la date de la fonte...	20	20	20	15	15
LARGEUR DE L'ENJOLIVURE sur laquelle s'inscrivent le lieu et la date de la fonte.	30	30	30	20	20
Cette enjolivure est placée entre la lumière et le derrière du mortier.					
DISTANCE du bord supérieur de l'enjolivure au centre de la lumière........................	80	70	25	15	45

BOUCHES A FEU EN BRONZE.

GRAVURE.

CHIFFRE DU ROI.

On donne seulement ici la hauteur du chiffre; les autres dimensions sont des fractions de cette hauteur prise pour module, et divisée en 100 parties, ainsi qu'il est indiqué sur le dessin.

		NUMÉRO 1.			NUMÉRO 2.		
		CANONS DE			CANONS	OBUSIERS	
		SIÉGE.	PLACE.		DE CAMPAGNE.	DE CAMPAGNE.	
		24.	16.	12.	12.	8.	16$^{cent.}$(6^{po}). 15$^{cent.}$(24).
		mil.	mil.	mil.	mil.	mil.	mil. mil.
HAUTEUR.... y compris la couronne..		450	450	450	300	300	300 300
EMPLACEMENT.	DISTANCE du dessous du chiffre au derrière de la plate-bande de culasse.........	250	240	220	150	140	300 250

		NUMÉRO 3.				NUMÉRO 4.		
		OBUSIER DE SIÉGE.	MORTIERS DE		PIERRIER.	OBUSIER DE MONTAGNE.	MORTIERS DE	
		22$^{cent.}$(8^{po}).	32$^{cent.}$(12^{po}).	27$^{cent.}$(10^{po}).		12$^{cent.}$(12).	22$^{cent.}$(8^{po}).	15$^{cent.}$(24).
		mil.	mil.	mil.	mil.	mil.	mil.	mil.
HAUTEUR.... y compris la couronne..		150	150	150	150	100	100	100
EMPLACEMENT.	DISTANCE du dessous du chiffre au derrière de la plate-bande de culasse.........	125	»	»	»	180	»	»
	DISTANCE du dessous du chiffre à la tranche de la bouche.......	»	270	240	260	»	170	160

Vu et approuvé. Paris, le 15 février 1839.

Le Pair de France,
Ministre Secrétaire d'État de la Guerre,
Signé Bernard.

Paris, le 11 Juillet 1838.

Le Lieutenant-Général, Président du Comité de l'Artillerie.

Signé Comte d'Autbouard.

PROJECTILES.

TABLES DES DIMENSIONS.

1839

PROJECTILES.

TABLES DES DIMENSIONS.

1839

TABLES
DES
PROJECTILES.

AVERTISSEMENT.

Sur ces Tables des Projectiles, les dimensions transformées des anciennes mesures en nouvelles, ont été écrites en millimètres, comme si cette fraction du mètre était l'unité principale. Le choix de cette unité de mesure a permis généralement d'exprimer ces dimensions en nombres ronds de millimètres, en ayant soin d'ajouter une de ces unités au dernier chiffre, lorsque la fraction négligée surpassait un demi-millimètre. Toutefois, à l'égard des dimensions auxquelles il importait de conserver leur valeur absolue, on a étendu la réduction jusqu'au décimillimètre.

Les indications portées sur ces Tables, relativement au raccordement des surfaces, se rapportent aux profils de ces surfaces.

Quant à la dénomination des Projectiles, on a conservé à ceux qui sont pleins les anciennes désignations, qui sont alors considérées comme des noms propres; les Projectiles creux ont été désignés par leurs diamètres, exprimés en nombres ronds de centimètres.

PROJECTILES.

BOMBES.

			DE		
			32cent.(12po).	**27**cent.(10po).	**22**cent.(8po).
			MILLIMÈTRES.	MILLIMÈTRES.	MILLIMÈTRES.

LUNETTES.

DIAMÈTRE....	DE LA GRANDE.		321—5	272	221
	DE LA PETITE, pour le service des forges.		319—7	270—2	219—4
	DE LA PETITE, pour le service des places.		319—2	269—6	218—8
	Moyenne entre les deux lunettes des forges.		320—6	271—1	220—2
	Tolérance ou différence entre les deux lunettes des forges.		1—8	1—8	1—6

PAROIS.

ÉPAISSEUR....	au plus.		42—5	42—5	27—7
	au moins.		38—7	38—7	24—3
	Moyenne entre les deux épaisseurs.		40—6	40—6	26
	Tolérance ou différence entre les deux épaisseurs.		3—8	3—8	3—4

CULOT.

ÉPAISSEUR....	au plus.		58—1	62—4	33—4
	au moins.		54—3	58—6	30
	Moyenne entre les deux épaisseurs.		56—2	60—5	31—7
	Tolérance ou différence entre les deux épaisseurs.		3—8	3—8	3—4

LUMIÈRE.

DIAMÈTRE....	en haut	au plus.		36	36	27
		au moins.		35—4	35—4	26—4
		Moyenne entre les deux diamètres.		35—7	35—7	26—7
		Tolérance ou différence entre les deux diamètres.		0—6	0—6	0—6
	en bas..	au plus.		34	34	25—5
		au moins.		33—4	33—4	24—9
		Moyenne entre les deux diamètres.		33—7	33—7	25—2
		Tolérance ou différence entre les deux diamètres.		0—6	0—6	0—6

ANSES OU MENTONNETS.

LONGUEUR....			82	69	56
LARGEUR.....			41	35	28
HAUTEUR.....			23	19	16
ÉPAISSEURS...	dans le sens de l'œil.		21	18	14
	au-dessus de l'œil..		12—5	10—5	8—5
DIAMÈTRE....	de l'œil.		10—5	8—5	7—5
DISTANCE.....	du centre d'un œil au centre de l'autre.		176	149	121

ANNEAUX.

DIAMÈTRE....	intérieur.		50	42	34
LONGUEUR....	de la partie droite traversant l'œil. (*Les angles sont arrondis.*).		28	24	20
LONGUEUR....	de la corde de l'arc de raccordement.		22	18	15
DIAMÈTRE....	du fil de fer.		9	7	6

			kilo.	kilo.	kilo.
POIDS DE LA BOMBE.			72	49	22

PROJECTILES.

BOMBES.

TRACÉ DES ANSES OU MENTONNETS.

On commencera par déterminer le centre de chaque œil en menant, parallèlement à l'axe de la bombe, deux lignes également éloignées de cet axe, et distantes entre elles de la quantité indiquée dans la Table ci-dessus, pour l'intervalle qui doit séparer les deux centres, puis coupant ces droites par un arc de cercle d'un rayon qui se compose de celui de la bombe, auquel on ajoute celui de l'œil, également indiqué ci-dessus, pour chacun des calibres; l'intersection de cet arc avec les deux parallèles donnera le centre de chaque œil. Une fois ce centre déterminé, on décrira un cercle du diamètre fixé pour chaque œil, et qui sera tangent au grand cercle de la bombe; toutes les autres parties se traceront avec la plus grande facilité, au moyen des cotes données par les Tables et les dessins qui les accompagnent.

TRACÉ DES ANNEAUX.

Pour tracer les anneaux, il suffira de décrire d'abord le cercle intérieur, de mener, en un point quelconque de ce cercle, une tangente sur laquelle on portera, à droite et à gauche du point de tangence, la moitié de la longueur fixée ci-dessus pour la partie droite des anneaux des bombes de chaque calibre. Cette partie droite une fois déterminée, on mènera la corde de l'arc de raccordement sur le milieu de laquelle on élèvera une perpendiculaire. L'intersection de cette perpendiculaire et du rayon du cercle intérieur passant par l'extrémité de la corde de l'arc de raccordement, donnera le centre de ce même arc. Les cotes et les dessins suffiront pour déterminer le reste.

PROJECTILES.

OBUS ET GRENADE.

LUNETTES	OBUS DE				GRENADE À MAIN.
	22cent.(8po).	16cent.(6po).	15cent.(24).	12cent.(12).	
	MILLIMÈTRES.	MILLIMÈTRES.	MILLIMÈTRES.	MILLIMÈTRES.	MILLIMÈTRES.
Diamètre { de la grande	221	163—5	149—3	119	81—8
{ de la petite, pour le service des forges	219—4	162—3	148—1	117—8	80—6
{ de la petite, pour le service des places	218—8	162—3	148—1	117—8	»
Moyenne entre les deux lunettes des forges.....	220—2	162—9	148—7	118—4	81—2
Tolérance ou différence entre les deux lunettes des forges...........................	1—6	1—2	1—2	1—2	1—2

PAROIS.

Épaisseur { au plus......................	27—7	26—5	20—5	19	10
{ au moins.....................	24—3	24—3	18—3	16—8	8
Moyenne entre les deux épaisseurs.........	26	25—4	19—4	17—9	9
Tolérance ou différence entre les deux épaisseurs.	3—4	2—2	2—2	2—2	2

LUMIÈRE.

Diamètre { en haut { au plus......................	27	25	25	24	19—3
{ { au moins....................	26—4	24—4	24—4	23—4	18—7
Moyenne entre les deux diamètres....	26—7	24—7	24—7	23—7	19
Tolérance ou différence entre les deux diamètres...............	0—6	0—6	0—6	0—6	0—6
en bas.. { au plus......................	25—5	24	24	23	18—3
{ au moins.....................	24—9	23—4	23—4	22—4	17—7
Moyenne entre les deux diamètres....	25—2	23—7	23—7	22—7	18
Tolérance ou différence entre les deux diamètres............................	0—6	0—6	0—6	0—6	0—6
Poids des obus et de la grenade à main............	kilo. 22	kilo. 10,525	kilo. 7,098	kilo. 3,900	kilo. 1,040

BOULETS.

LUNETTES.	DE			
	24.	16.	12.	8.
	MILLIMÈTRES.	MILLIMÈTRES.	MILLIMÈTRES.	MILLIMÈTRES.
Diamètre { de la grande.................	149—3	130—3	119	103—8
{ de la petite, pour le service des forges...........	147—8	128—8	117—6	102—4
{ de la petite, pour le service des places.............	147—4	128—4	117—3	102—1
Moyenne entre les deux lunettes des forges......	148—5	129—5	118—3	103—1
Tolérance ou différence entre les deux lunettes des forges...	1—5	1—5	1—4	1—4
Poids des boulets.................	kilo. 12	kilo. 8	kilo. 6	kilo. 4

PROJECTILES.

BALLES EN FER.

LUNETTES.	NUMÉROS								
	1.	2.	3.	4.	4 bis.	5.	5 bis.	de 6.	de 4.
	mil.	mil.	mil.	mil.	mil.	mil.	mil.	mil.	mil.
Diamètre { de la grande.......	55	48	42	38—5	38—5	33—5	33—5	30—5	26—5
{ de la petite........	54	47	41	37—5	37—5	32—5	32—5	29—5	25—5
Moyenne entre les deux diamètres........	54—5	47—5	41—5	38	38	33	33	30	26
Tolérance ou différence entre les deux diamètres.	1	1	1	1	1	1	1	1	1
	kilo.	kilo.	kilo.	kilo.	kilo.	kilo.	kilo.	kilo.	kilo.
Poids de 10 balles...........	6,00	4,00	2,70	2,00	2,20	1,35	1,40	1,10	0,70

Vu et approuvé. Paris, le 15 février 1839.
Le Pair de France,
Ministre Secrétaire d'État de la Guerre,
Signé Bernard.

Paris, le 11 Juillet 1838.
Le Lieutenant-Général, Président du Comité de l'Artillerie,
Signé Comte d'Autbouard.

IMPRIMERIE DE BACHELIER,
rue du Jardinet, n° 12.

www.ingramcontent.com/pod-product-compliance
Lightning Source LLC
Chambersburg PA
CBHW060509050426
42451CB00009B/891